LT 48 2656

SEUL MOYEN

DE

RÉCONCILIATION.

SEUL MOYEN

DE

RÉCONCILIATION.

EXPOSÉ AUX CHAMBRES

SUR L'INDEMNITÉ DES ÉMIGRÉS,

PRISE SUR L'ACCROISSEMENT DE VALEUR

DES BIENS DITS NATIONAUX;

PAR GUY, DE NISSAN.

« Je dirai aux uns : il est impossible de
« vous rendre vos biens, vous désirez une
« indemnité, transigez.
« Je dirai aux autres : il est impossible
« d'empêcher la dépréciation de vos biens,
« vous désirez qu'ils arrivent à la hauteur
« des biens patrimoniaux, transigez. »

PARIS,

Chez PONTHIEU, DELAUNAY et DENTU,

LIBRAIRES, PALAIS-ROYAL.

JUILLET 1824.

SEUL MOYEN

DE

RÉCONCILIATION.

Le 2 octobre 1825, je communiquai et laissai ce projet entre les mains d'un grand personnage qu'il ne m'a pas été possible de revoir. Il me remercia beaucoup de cette communication; mais n'ayant point d'accusé de réception, de peur qu'il ne fût ajourné, ou qu'il ne s'égarât, je pris le parti de lui donner une date certaine par le moyen de la formalité de l'enregistrement.

Deux ou trois mois après, quelques articles de journaux et deux brochures ont paru successivement pour intéresser le public en faveur de l'indemnité des émigrés; mon amour-propre a été flatté de voir que mes idées s'étaient rencontrées avec celles des hommes qui ont une réputation fondée, car la plupart des moyens et des aperçus que j'ai proposés ont été mis en avant pour démontrer la nécessité de ce grand acte de justice.

Les uns, plus prudens, ont laissé au gouvernement le choix des moyens pour arriver à ce but. Les autres en ont indiqué de funestes, c'est-à-dire, *une création de rentes.* Cela m'a prouvé que ces hommes érudits n'ont considéré l'indemnité des émigrés que sous le point de vue d'une simple dette à acquitter, ou comme un billet payable à son échéance; au lieu que s'ils l'avaient considérée sous toutes ses faces, ils auraient vu comme moi que c'était une question très-compliquée et de la plus haute importance; ils auraient vu comme moi que quand bien même la France aurait plusieurs milliards dans sa caisse, elle ne pourrait et ne devrait pas l'ouvrir pour cela ; ils auraient vu comme moi que le remède se trouve dans le mal même. Nous n'aurions pas sans doute différé sur les moyens d'exécution, la France aurait été réconciliée, et je n'eusse pas écrit. Mais quand je vois qu'on veut pousser le vaisseau de l'État vers un écueil, je me rappelle alors que je suis Français, je ne puis étouffer le cri de ma conscience, et je prends la plume pour éclairer le gouvernement et les chambres sur le danger qui menace la France, trop heureux si mes efforts peuvent conjurer la tempête.

Il est de principe que la nécessité justifie tout. Or, s'il y a nécessité à accorder l'indemnité aux émigrés, elle est juste : il serait donc superflu de prouver cette justice ; mais pour ne laisser rien à dire contre ce projet, je commencerai par là. Je ne suivrai pas les émigrés dans leur exil; je ne parlerai pas de leur dévouement et de leurs souffrances, afin d'écarter tout sujet de controverse, je veux parler à la raison par des faits; en conséquence j'oublie tout, excepté qu'on les a dépouillés de leurs biens. Quand on est plastronné de bonnes raisons, toutes les positions sont bonnes; ainsi, puisque la cause des émigrés est liée à l'intérêt général, je me placerai volontiers sur le terrain même de l'opposition constitutionnelle, et de peur d'être mis au rang de quelques écrivains de cette époque qui, reniant la veille le nom français, viennent effrontément dire le lendemain qu'ils sont plus français que les autres, en couvrant leur délire par des flatteries et des adulations nauséabondes, je renfermerai dans mon cœur les sentimens qu'inspirent les grandes infortunes.

Toutes les fois qu'il a été question de l'indemnité des émigrés, l'opposition a avancé que le nombre des Français victimes de la révolution, sans avoir émigré, était bien plus grand que celui qui avait émigré, et l'on a conclu de là, ou qu'il fallait réparer toutes les injustices de la révolution, ou qu'il n'en fallait réparer aucune. C'est un sophisme. Car, de ce qu'il serait impossible de réparer toutes les injustices de la révolution, parce que la France ne serait pas assez riche, il ne s'ensuivrait pas que l'on ne dût point réparer celles qui tiennent à la paix intérieure.

Mais retournons cet argument, et supposons que la France est assez riche pour réparer toutes les injustices de la révolution, comment constater l'authenticité de ces pertes lorsque toutes les traces en sont effacées? Pour mettre ce raisonnement à la portée de tout le monde, je vais citer un exemple.

Les pertes les plus réelles et qui paraissent les plus faciles à établir sont, sans contredit, le remboursement des anciennes charges ou offices : quelles précautions ont prises les anciens titulaires pour constater qu'ils n'ont fait aucun emploi des assignats? peut-on savoir s'ils n'ont pas eux-mêmes fait des remboursemens avec ces assignats, ou s'ils ne les ont pas fait servir au paiement des biens nationaux*; dans l'un comme dans l'autre cas, l'indemnité ne leur serait pas due.

Opposerait-on encore les pertes causées par le maximum

---

* Les assignats pour remboursement des charges et offices furent admis en paiement des biens nationaux (Loi du 30 octobre 1790).

Les créances sur les émigrés furent déclarées admissibles (Lois des (3 juin 1793 et 1er floréal an 3).

Les bons de deux tiers de la dette publique ont été déclarés admissibles (Lois des 9 vendémiaire et 24 frimaire an 6).

à l'agriculture et au commerce? Sans doute il y a eu des pertes; mais n'ont-elles pas été réparées et au delà à l'époque de la démonétisation des assignats ; qu'on se rappelle qu'à cette époque les denrées et marchandises se vendaient en numéraire presque le même prix qu'elles se vendaient en assignats, et que l'intérêt de l'argent était de 3, 4 et 5 pour cent par mois. Cet état de choses a duré bien plus long-temps que le maximum; l'agriculture et le commerce ont profité de la rareté des denrées et des marchandises, et ils ont bien réparé leurs pertes ; s'il y a eu quelques victimes, le nombre en est imperceptible. Ainsi les pertes qu'on suppose, n'étant pas réelles ou ne pouvant pas être constatées deviennent chimériques ; au lieu qu'il en est bien autrement des émigrés, leurs pertes sont réelles, leurs biens sont là pour en attester l'existence, par conséquent l'indemnité est juste, puisque les pertes ne peuvent pas être contestées.

Il est une autre considération bien importante prise de l'art. 67 de la Charte, qui abolit la confiscation. Cet article m'a fait naître des réflexions qui sont péremptoires en faveur des émigrés; je m'abstiendrai de les faire connaître, parce qu'elles sont pénibles à dire. Quand on se propose de réconcilier tous les partis, il faut éviter tout ce qui peut les aigrir. Je dirai seulement : cet article est un de ceux de la Charte que la France a accueillis avec le plus de transport et qu'elle désire conserver ; rendez donc hommage à cet article sublime en cicatrisant des plaies récentes. Cet exemple sera mémorable, il fera l'admiration de la postérité, et la confiscation ne pourra jamais se naturaliser en France, parce que le peuple français est le plus éclairé et le plus civilisé du monde connu.

Je vais maintenant démontrer la nécessité de l'indemnité

des émigrés par rapport à la tranquillité intérieure, et comme je ne puis parler que conjecturalement, je suis obligé de faire les suppositions les plus vraisemblables et d'en tirer les conséquences naturelles.

Est-il vrai qu'il règne dans les esprits une certaine inquiétude qui, allant toujours croissant, peut compromettre d'un instant à l'autre la paix intérieure par un événement imprévu ?

Est-il vrai qu'il y a deux partis bien distincts en France qui aspirent au pouvoir pour s'entr'écraser ? Qui peut répondre qu'ils n'y arriveront pas l'un ou l'autre, tôt ou tard ? Parcourez les départemens, jetez les yeux sur le budget, etc. et dites après cela si l'arc est assez ou pas assez tendu... On doit savoir que les hommes et les systèmes s'usent en France plus vite que dans d'autres pays : il n'y a que la justice qui ne s'use pas.

Mais on me demandera où est le point d'appui de ces deux partis. Puisque je crois avoir trouvé un moyen de réconciliation, et que le remède ne pourrait pas être appliqué sans indiquer le mal, le bien public me fait un devoir de dire toute ma pensée. D'après les bruits publics, ce sont, d'une part, les anciens possesseurs qui depuis dix ans veulent une juste indemnité ou l'équivalent de leurs biens, et, de l'autre, les nouveaux possesseurs qui, craignant de perdre leurs biens, veulent empêcher qu'on y touche ; j'ajouterai qu'il y a d'autres nuances d'opinion auxquelles ils sont étrangers les uns et les autres. Mais comme on n'ignore pas que ce sont deux partis puissans en France, chacun pour faire passer son opinion plus ou moins exagérée, cherche à se faire un appui dans l'un ou dans l'autre parti. Il me semble donc que si l'intérêt est le seul mobile de l'agitation qui règne en France, il est urgent de désintéresser les deux partis, et on ne peut le faire qu'en accordant une juste indemnité aux anciens possesseurs, et en dissipant complétement les inquiétudes des nouveaux.

C'est ici que se trouve toute la difficulté; car il ne s'agit pas seulement de quelques centaines de millions à donner aux émigrés, mais bien plus encore de la paix intérieure. Il faut que cette indemnité porte son fruit; à quoi servirait à la France d'épuiser ses trésors si sa tranquillité devait être toujours menacée : il vaudrait peut-être mieux ne rien donner. Ainsi, comme la paix intérieure ne peut être séparée de l'indemnité des émigrés, il importe de savoir par qui et comment elle doit être payée; toute fausse mesure serait une faute irréparable. Ce n'est que par une loi qui porte le cachet de la franchise et de la loyauté, qu'on peut imprimer la confiance dans le cœur des Français; sans quoi, plus d'espoir de paix intérieure.

Vainement on espérerait réconcilier la France en indemnisant les émigrés au moyen d'une création de rentes qui attaquerait la bourse de tout le monde sans exception, quand bien même ils feraient abandon de leurs droits et prétentions. Ce serait compter un peu trop sur la crédulité des Français. Comment pourrait-on imaginer que l'opinion publique, qui n'a pas sanctionné les confiscations, malgré une foule de lois, et la Charte même qui les consacre, ne se refusera pas cette fois-ci à croire qu'en indemnisant les victimes de la révolution on aurait eu aussi l'intention d'accroître la fortune de ceux qui en sont devenus les héritiers. Ce serait, ni plus ni moins, indemniser le dépouillé, et donner en même temps une prime d'encouragement au détenteur de la dépouille. Quel exemple! quelle incohérence!

et surtout quelle mystification pour ces bonnes gens qui ont eu la délicatesse de ne pas vouloir des biens confisqués. Qui ne regretterait pas alors de n'avoir pas acheté des biens nationaux!

Non, il faut le dire, cette mesure qui renfermerait un mystère pour beaucoup de monde, serait condamnée dès sa naissance; et elle serait inexécutable sous le rapport de l'accroissement de valeur des biens, parce que cet accroissement dépend entièrement de l'opinion publique, qu'on ne peut jamais contraindre. Personne donc en France, les acquéreurs eux-mêmes ne supposeront pas au gouvernement des intentions si généreuses et si peu conformes à sa politique. En un mot, tant que l'ancien possesseur pourra dire au nouveau : *C'est ma terre, vous ne me l'avez pas payée*, les biens nationaux ne seront reçus dans la circulation que comme des pièces de monnaie altérées que les uns repousseront, et que les autres ne recevront qu'à vil prix. Les haines et les animosités, tant d'une part que d'autre, subsisteront à jamais.

Ainsi, de deux choses l'une, ou cette indemnité par une création de rentes dissipera les inquiétudes des acquéreurs de biens nationaux, ou elle ne les dissipera pas. Si elle ne les dissipe pas, la paix intérieure sera bannie de la France pour jamais; si au contraire elle les dissipe, c'est punir la fidélité et la conscience timorée, et encourager les révolutions. C'est injuste et impolitique.

Veut-on, comme je le crois, réconcilier tous les partis et remplacer toutes les nuances par la couleur du lys?

Veut-on consolider dans le cœur du peuple français l'amour et le respect pour cette auguste dynastie placée sur le trône?

Veut-on conserver les institutions que l'auteur immortel de la Charte nous a promises, et qui doivent rendre la France forte et invincible, et empêcher que nos enfans ne soient subjugués par quelque ambitieux?

Veut-on enfin augmenter les revenus de l'état de plus de 15 millions par an, et qui sont perdus sans profit pour personne?

Si l'on veut obtenir cet immense résultat, il faut, je le répète, calmer les regrets et les haines des uns, et dissiper complétement les inquiétudes des autres; on ne peut faire l'un sans l'autre : la mesure doit les envelopper tous les deux, c'est une nécessité impérieuse ; et comme il est impossible de conserver l'équilibre en ôtant ou en mettant un poids dans un seul plateau de la balance, de même on n'obtiendra pas ce grand résultat sans satisfaire les deux partis complétement : c'est une condition absolue et *sine quâ non*.

Pour que les détenteurs des biens nationaux soient convaincus qu'on a réellement l'intention, en indemnisant les émigrés, de les faire jouir de l'accroissement de valeur de leurs biens, il faut qu'ils achètent de leurs deniers cet accroissement de valeur; il faut que les écus sortant de la poche des uns entrent dans celle des autres; il faut, pour me servir d'une expression triviale, que l'ancien et le nouveau propriétaire touchent dans la main comme dans une transaction entre particuliers. Voilà le seul moyen d'effacer cette tache originelle qui couvre les biens nationaux. C'est alors seulement que l'opinion publique sanctionnera la vente de ces biens, et qu'ils jouiront à l'instant de la même faveur que les biens patrimoniaux.

Il est encore à remarquer que si l'on s'obstine à ne pas

vouloir faire contribuer dans ce moment les détenteurs des biens nationaux en faveur des émigrés, le gouvernement est privé d'une ressource qu'il n'aura plus de motif pour demander plus tard ; parce que ce ne serait plus alors pour indemniser les émigrés, et comme les écus n'entreraient pas dans leur poche, les biens ne gagneraient pas un sou de valeur de plus, et le fisc perdrait toujours plus de 15 millions par an. Ce serait une injustice criante de laquelle je suis loin de soupçonner les hommes respectables qui sont maintenant à la tête des affaires : mais ne sont-ils pas mortels ?

A toutes les considérations que je viens de développer, j'ajouterai que si la haute administration éprouve des difficultés pour gouverner, elle doit s'apercevoir facilement que les plus grandes viennent de la division et de l'exigence de ces deux partis ; ils ont des droits plus ou moins fondés, ou du moins ils croient en avoir. Que l'on accomplisse ce grand acte de justice, comme je viens de le dire, ils n'auront plus de motifs pour être exigeans, et l'administration ne se verra plus forcée de les combattre ou de leur céder. La paix intérieure sera le prix de cette mesure, et la France regardera cette paix comme la plus belle victoire qu'elle ait jamais remportée ; les royalistes deviendront constitutionnels, et les constitutionnels deviendront royalistes.

Mais on me dira peut-être : vous violez l'article 9 de la Charte. Si je croyais qu'on me parlât sérieusement, je répondrais : Non, je ne viole pas la Charte ; tout ce qui existe est sacré pour moi ; je ne prends pas une paille de votre champ ; je ne prends pas une tuile de votre maison : je consolide au contraire toutes les ventes ; mais comme la confiance ne se commande pas, et qu'il n'appartient qu'à la capricieuse opinion publique d'attribuer le plus ou le moins de valeur aux choses, je veux que la franchise et la loyauté de la mesure proposée inspirent une si forte confiance, que votre propriété acquière le double de sa valeur actuelle; et je ne vous demande qu'une partie de cet accroissement de valeur pour sécher les larmes des nobles victimes de la révolution.

Les adversaires de ce projet prétendraient-ils que l'état ayant profité de la vente des biens des émigrés, c'est à l'état à les indemniser, et non aux acquéreurs des biens nationaux. S'il était question de rechercher celui qui a profité de la vente des biens nationaux, il me serait facile de démontrer le vice radical de cette objection; mais je me garderai bien de le faire; quand on est porteur de paroles de paix, on doit éviter tout ce qui peut réveiller les passions; c'est un devoir pour tous de couvrir le passé du manteau de l'oubli. Je préfère convenir du principe, mais je n'en admets pas la conséquence, parce que les écus de l'état ne pourraient pas avoir la même vertu que les autres. Je l'ai déjà dit, et je ne cesserai de le répéter : l'indemnité des émigrés n'est ici que la question secondaire; la question principale est *l'accroissement de valeur* des biens nationaux, qui doit enrichir la France de plusieurs milliards, *et la paix intérieure*, sans laquelle l'agriculture, l'industrie, les arts et le commerce ne peuvent fleurir.

On ne disconviendra pas que dès leur naissance les biens nationaux ont été frappés comme d'une espèce d'anathème, et qu'ils le sont encore. Si, comme personne n'en doute, leurs détenteurs désirent les faire réhabiliter dans l'opinion publique pour qu'on ne fasse pas de différence entre leurs biens et ceux patrimoniaux, il n'y pas de choix dans les moyens ; le seul qui existe, c'est une transaction suivie de paiement ; je suis si convaincu de cette vérité, que je ne crains pas de dire que si les émigrés n'étaient point en France, il faudrait les aller chercher pour transiger avec eux ; lorsqu'ils n'y étaient pas et qu'ils n'avaient pas même l'espoir d'y retourner, leurs biens avaient-ils une plus forte valeur ?

Ceci me fournit l'occasion de faire remarquer que le mot indemnité est un véritable contre-sens, parce qu'il suppose une grâce ou une faveur, tandis que les émigrés ne doivent avoir obligation à personne, pas même aux acquéreurs des biens nationaux qui leur paieront la rétribution qui sera déterminée par le gouvernement : ils ont, dans l'opinion publique, un titre moral de légitimité attaché à leur personne, qu'ils peuvent transmettre, mais qu'aucune puissance ne peut leur ôter, et qui influe essentiellement sur la valeur des biens nationaux. C'est donc à cause de cette influence qu'ils doivent recevoir un dédommagement, et non une indemnité à titre de grâce ou de faveur, parce qu'ils ont un droit moral sur les propriétés nationales, tel qu'un marchand qui ne peut vendre avantageusement sa marchandise qu'en justifiant du nom du fabricant, parce que son nom seul double la valeur de la chose. De même les détenteurs des biens nationaux ne pourront vendre avantageusement leurs biens qu'en justifiant de la ratification des anciens possesseurs. Je dirai donc aux uns : il est impossible de vous rendre vos biens, vous désirez une indemnité, transigez ; je dirai aux autres : il est impossible d'empêcher la dépréciation de vos biens, vous désirez qu'ils arrivent à la hauteur des biens patrimoniaux, transigez : voilà ce qui est juste et politique.

Je suis persuadé que les détenteurs des biens nationaux connaissant leurs vrais intérêts, leur avantage est trop évident, s'empresseront sans difficultés de se soumettre à cette mesure, qui met un terme à l urs tribulations, si tout se règle avec justice et modération. J'ai fixé cette rétribution à dix pour cent, ce qui doit produire cinq à six cents millions, somme suffisante pour dédommager les émigrés. Les acquéreurs qui n'auront pas d'argent trouveront facilement à emprunter sur hypothèque, ce qu'ils n'auraient pu faire auparavant.

Mais, poursuit-on, les acquéreurs des biens du clergé n'ont rien de commun avec les émigrés ; pourquoi les confondre avec les acquéreurs de leurs biens ? A cela je réponds : vous jouissez au même titre, votre cause étant commune, vous profiterez de l'accroissement de valeur comme les autres ; je ne puis conséquemment faire de distinction entre vous ; d'ailleurs rien ne s'oppose à ce que le gouvernement n'accorde au clergé une partie de cette rétribution.

Je ne ferai pas non plus de distinction entre l'acquéreur primitif et celui qui ne l'est pas. Je dirai à l'acquéreur d'hier : vous avez profité de la défaveur des biens, vous n'avez payé qu'un prix relatif, vous devez donc payer la rétribution puisque vous jouirez de l'accroissement de valeur de votre propriété, et à l'égard des transactions qui ont déjà eu lieu entre les anciens et les nouveaux possesseurs, les sommes payées seront imputées aux uns sur ce qu'ils auront à payer, et aux autres sur ce qu'ils auront à recevoir.

Je crois avoir répondu aux principales objections dirigées contre ce projet ; mais comme les théories sont toujours abstraites, je crains de n'avoir pas réussi à faire passer ma conviction dans l'âme du lecteur. Si mes craintes étaient réelles, il ne faudrait en attribuer la faute qu'à la faiblesse de mes moyens, et non pas à la cause que je défends : c'est pourquoi je crois qu'il est utile de présenter ici les moyens d'exécution, pour fixer davantage les esprits et comme complément de ma pensée ; et si j'avais l'honneur d'être membre des conseils du Roi ou de l'une des deux Chambres, voici comme je concevrais les principales bases de ce projet de loi :

« L'expérience m'ayant prouvé que l'art. 9 de la Charte, « exprimant la ferme volonté de son auteur immortel sur « l'inviolabilité des biens dits nationaux, n'avait pas suffi « pour rassurer les détenteurs desdits biens, puisqu'on « trouve difficilement à les vendre ou à les hypothéquer ;

« Attendu qu'il est de notoriété publique que le montant « desdits biens s'élève à plusieurs milliards *, et qu'une « somme aussi considérable est exclue de la circulation, « ou n'y est reçue que tout au plus à moitié perte, com- « parativement à la valeur des biens patrimoniaux, ce qui « porte le plus grand préjudice à la prospérité de l'agri- « culture, de l'industrie, des arts et du commerce, qui « doivent être encouragés et protégés ;

« Considérant qu'une pareille dépréciation ne peut être « imputée au gouvernement du Roi, qui dans toutes les cir- « constances a manifesté hautement sa ferme résolution sur

---

* D'après mes connaissances personnelles et l'opinion de l'administration des domaines, le montant des biens vendus s'élève à quatre milliards, savoir : première origine, trois milliards, et deuxième origine, un milliard ; mais à cause des améliorations et de l'augmentation sur le prix des biens, on peut en porter la valeur réelle à six milliards.

« cette inviolabilité, mais à d'autres causes qui lui sont
« étrangères, puisqu'elle a toujours existé *;

« Considérant que d'après la loi du   décembre 1814, qui
« autorise les anciens propriétaires à prendre possession des
« biens invendus, plusieurs d'entre eux prétendent que cette
« loi n'a pu consacrer les ventes faites par dol et par fraude,
« et que dès-lors on pourrait ranger dans cette catégorie
« celles où l'on aurait omis les formes voulues par les lois
« existantes, et celles où la désignation des biens n'aurait
« pas été observée ;

« Attendu qu'il est à ma connaissance qu'une grande
« partie des ventes des biens dits nationaux est entachée
« de l'un ou l'autre de ces vices et que des contestations
« qui s'élèveraient à cet égard occasionneraient des irrita-
« tions qui pourraient compromettre la tranquilité publi-
« que, et feraient encore baisser la valeur de ces biens,
« tandis qu'il importe qu'ils jouissent promptement de la
« même faveur que les biens patrimoniaux ;

« Considérant qu'on ne peut les faire arriver à la hau-
« teur des biens patrimoniaux sans l'intervention des an-
« ciens propriétaires, qu'il est juste d'indemniser, parce
« qu'ils n'ont aucun intérêt personnel pour contribuer à
« cet accroissement de valeur ;

« Considérant qu'il est de principe que toute indemnité

---

* Le prix commun des biens nationaux, sous la république, était de huit capitaux pour un de rente.
Sous l'empire il s'est élevé de douze à quinze capitaux pour un de rente; maintenant il est de quinze à seize capitaux environ pour un de rente.

« doit être supportée en entier par celui qui profite du pré-
« judice fait à autrui ;

« Considérant qu'il est de notoriété publique que le prix
« des biens patrimoniaux est de vingt-cinq à trente capi-
« taux pour un de rente, tandis que celui des biens dits na-
« tionaux est de quinze ou seize environ, et qu'en faisant
« élever le prix des uns à la hauteur des autres, il en ré-
« sultera un grand bénéfice pour les détenteurs actuels, à
« qui l'état peut sans injustice en réclamer une portion,
« lorsqu'il s'agit de l'intérêt général ;

« Considérant que la dépréciation des biens dits natio-
« naux et leur défaut de circulation fait perdre à l'état plu-
« sieurs millions par an, sans profit pour personne ** ;

« Considérant enfin, qu'en exigeant une rétribution des
« détenteurs actuels des biens dits nationaux, l'art. 9 de la
« Charte n'est point attaqué ; parce que je n'entends point
« que cette rétribution frappe sur la valeur actuelle desdits
« biens, mais sur l'accroissement de valeur qu'ils acquer-
« ront par les dispositions de la présente ;

« Désirant en un mot calmer les regrets, les haines, et dis-
« siper les inquiétudes, et en même temps rendre hommage
« à l'article 67 de la Charte qui abolit la confiscation, en ré-
« parant, autant qu'il est possible, celles qui ont eu lieu au-
« paravant ;

« Etc., etc., etc.

** On peut présumer que l'accroissement de valeur des biens nationaux produirait environ dix millions par an du droit d'enregistrement, à cause des ventes, mutations, droits d'hypothèque et timbre. Les autres branches de l'administration produiraient presque autant.

Art. 1er.

« Sont déclarés propriétaires incommutables tous les
« détenteurs actuels des biens dits nationaux, et jouis-
« sant depuis la loi du 14 mai 1790, jusqu'à
« quoique le procès-verbal d'ajudication n'indique pas
« exactement la désignation des biens, ou que les forma-
« lités voulues par les lois existantes n'aient pas été reli-
« gieusement observées.

Art. 2.

« Comme il ne peut y avoir en France que des biens
« patrimoniaux, il est interdit aux tribunaux, notaires et
« officiers publics, d'employer toute autre dénomination
« sous peine d'amende de   et d'être pour-
« suivis correctionnellement, s'il y a lieu.

Art. 3.

« Toute instance pendante devant les tribunaux et qui
« n'aurait d'autre motif que ceux énoncés en l'art. 1er ci-
« dessus, sera considérée comme nulle et non avenue, et il
« ne pourra être statué à l'avenir sur aucune demande de
« cette nature.

Art. 4.

« Tout détenteur des biens dits nationaux sera tenu de
« payer dans cinq ans et par dixième de six en six mois
« avec intérêt à partir du   le dixième
« de la valeur des biens qu'il possède, calculée d'après le
« rôle de la contribution principale et foncière, au bureau

« de l'enregistrement du chef-lieu de l'arrondissement dans
« lequel les biens sont situés *.

Art. 5.

« Ne paieront que le vingtième de la valeur des biens
« les acquéreurs de terrains, maisons ou édifices publics,
« sur lesquels ils auraient élevé des constructions, si les-
« dites constructions ont doublé la valeur de ladite pro-
« priété ; en cas de contestation, il sera nommé des experts
« à l'amiable qui décideront en dernier ressort.

Art. 6.

« Comme la rétribution ci-dessus ne peut frapper que
« sur l'accroissement de valeur desdits biens, en cas qu'il
« se trouve des propriétés grevées pour une somme plus
« forte que leur valeur, l'allocation n'en sera faite que sur
« ce qui excédera la moitié de la valeur réelle de ladite
« propriété.

Art. 7.

« Tout détenteur des biens nationaux sera tenu de
« faire la déclaration des biens qu'il possède, dans le délai
« de   sous peine de

---

* Pour donner une idée du bénéfice des acquéreurs, je vais le démontrer par un exemple :

Un bien patrimonial de 10,000^f de rente se vend, prix moyen,	260,000^f
Un bien national de 10,000^f de rente se vend, au plus haut prix	180,000
Différence............	80,000
Si l'acquéreur paie	20,000
Bénéfice............	60,000

Art. 8.

« Tout propriétaire dont les biens ont été vendus par
« suite de confiscation et qui désirera recevoir une indem-
« nité, sera tenu de faire, au greffe du tribunal du chef-
« lieu du département, sa déclaration portant abandon et
« renonciation à tous ses biens situés dans ledit départe-
« ment, il ne lui sera payé aucune somme avant d'avoir
« justifié d'un certificat de remise de ladite déclaration du
« greffier visée par le président du tribunal, et sans au préa-
« lable rapporter les titres constatant que les biens vendus
« appartenaient à lui ou à ceux qu'il représente.

Art. 9.

« Les anciens propriétaires qui seraient rentrés dans
« une partie de leurs propriétés, n'auront pas droit à cette
« indemnité, seulement pour la portion des biens dont ils
« sont possesseurs.

Art. 10.

« Il sera accordé aux détenteurs des biens nationaux
« des lettres de ratification scellées du sceau de l'état,
« moyennant un droit fixe, dans lesquelles sera relatée la
« renonciation de l'ancien possesseur si les biens sont de
« deuxième origine, et du procureur du roi près le tribunal
« du chef-lieu du département si les biens sont de pre-
« mière origine *.

---

* Sans rappeler ici le Concordat de 1802, je dirai seulement que les moines n'existant plus et le clergé étant salarié par l'état, il est repré-senté par le gouvernement qui peut faire faire cette renonciation par le procureur du Roi.

Art. 11.

« Pour sûreté des sommes dues, résultantes des arti-
« cles 4, 5 et 6, il ne sera point nécessaire de prendre ins-
« cription, elle est de droit.

Art. 12.

« Seront admises en paiement valeur nominale, les
« inscriptions de rentes. »

Ô vous dépositaires du pouvoir ! ô vous qui faites partie du gouvernement représentatif ! vous avez à prononcer sur la question la plus grave et la plus importante qui jamais ait été soumise au jugement des Français. Ce n'est pas du tout la cause des émigrés ; c'est la cause de la France elle-même ; son repos, que dis-je, son salut dépend de la détermination que vous prendrez. Votre position est très-délicate, toute mesure qui ne porterait pas le cachet de la vérité causerait un mal irréparable ; et, au lieu de cicatriser la plaie, elle ne ferait que l'agrandir.

Vous êtes convaincus comme moi que l'abîme des révolutions ne peut être comblé que par l'oubli du passé, la modération et la justice ; vous jugerez donc aussi comme moi que ce n'est qu'en dissipant complétement les inquiétudes des détenteurs des biens nationaux que vous trouverez les moyens d'indemniser les émigrés, et d'observer envers eux les convenances. Une indemnité qui serait payée par le plus grand nombre qui ne leur doivent rien, outre qu'elle serait contraire au bien public, ne les satisferait pas, d'après le vœu qu'ils viennent d'exprimer lors de la discussion de la loi sur la réduction des rentes. Ils jouissent, dans l'opinion publique, d'un droit moral de légitimité qu'ils ne peuvent perdre que de leur consentement. C'est à ce titre qu'ils doivent, en y renonçant, recevoir une indemnité ou un dédommagement de la main de celui à qui il profite.

Je ne crois pas que mon imagination m'ait égaré, parce que c'est dans ma conscience que j'ai puisé les moyens et les aperçus que je viens de développer. Mes réponses aux principales objections dirigées contre ce projet ne sont pas moins justes, et elles sont de nature à frapper tous les bons esprits; s'il en était autrement, ce que je ne puis me persuader, veuillez pardonner mon erreur à cause de l'intention. Je n'ai eu d'autre pensée que la réconciliation de tous les partis, à laquelle, je crois, le bonheur de la France est lié; du reste, je déclare que je n'ai ni biens nationaux à défendre, ni indemnité à recevoir. Étranger à toutes les influences, je n'ai suivi que l'impulsion de mon cœur, parce qu'il est tout français.

Agréez l'hommage de mes sentimens respectueux.

GUY, DE NISSAN,

Rue Montmorency, n° 13.

DE L'IMPRIMERIE DE J. SMITH, RUE MONTMORENCY, N° 16.

www.ingramcontent.com/pod-product-compliance
Lightning Source LLC
Chambersburg PA
CBHW060931050426
42453CB00010B/1963